红顶商人——胡雪岩

◎◎ 主编 金开诚

◎◎ 编著 肖艳丽

吉林出版集团有限责任公司

吉林文史出版社

图书在版编目（CIP）数据

红顶商人——胡雪岩 / 肖艳丽编著 . —长春：吉
林出版集团有限责任公司：吉林文史出版社，2010.11（2022.1 重印）
ISBN 978-7-5463-4139-2

Ⅰ . ①红… Ⅱ . ①肖… Ⅲ . ①胡雪岩（1823 ~ 1885）
– 传记 Ⅳ . ① K825.3

中国版本图书馆 CIP 数据核字（2010）第 222299 号

红顶商人——胡雪岩

HONGDING SHANGREN HUXUEYAN

主编/ 金开诚 编著/肖艳丽

项目负责/崔博华 责任编辑/崔博华 高原媛

责任校对/高原媛 装帧设计/李岩冰 赵 星

出版发行/吉林文史出版社 吉林出版集团有限责任公司

地址/长春市人民大街4646号 邮编/130021

电话/0431-86037503 传真/0431-86037589

印刷/三河市金兆印刷装订有限公司

版次/2010 年 11 月第 1 版 2022 年 1 月第 6 次印刷

开本/650mm×960mm 1/16

印张/9 字数/30千

书号/ISBN 978-7-5463-4139-2

定价/34.80元

前　言

　　文化是一种社会现象，是人类物质文明和精神文明有机融合的产物；同时又是一种历史现象，是社会的历史沉积。当今世界，随着经济全球化进程的加快，人们也越来越重视本民族的文化。我们只有加强对本民族文化的继承和创新，才能更好地弘扬民族精神，增强民族凝聚力。历史经验告诉我们，任何一个民族要想屹立于世界民族之林，必须具有自尊、自信、自强的民族意识。文化是维系一个民族生存和发展的强大动力。一个民族的存在依赖文化，文化的解体就是一个民族的消亡。

　　随着我国综合国力的日益强大，广大民众对重塑民族自尊心和自豪感的愿望日益迫切。作为民族大家庭中的一员，将源远流长、博大精深的中国文化继承并传播给广大群众，特别是青年一代，是我们出版人义不容辞的责任。

　　本套丛书是由吉林文史出版社和吉林出版集团有限责任公司组织国内知名专家学者编写的一套旨在传播中华五千年优秀传统文化，提高全民文化修养的大型知识读本。该书在深入挖掘和整理中华优秀传统文化成果的同时，结合社会发展，注入了时代精神。书中优美生动的文字、简明通俗的语言、图文并茂的形式，把中国文化中的物态文化、制度文化、行为文化、精神文化等知识要点全面展示给读者。点点滴滴的文化知识仿佛颗颗繁星，组成了灿烂辉煌的中国文化的天穹。

　　希望本书能为弘扬中华五千年优秀传统文化、增强各民族团结、构建社会主义和谐社会尽一份绵薄之力，也坚信我们的中华民族一定能够早日实现伟大复兴！

目录

一、白手起家

　　胡雪岩（1823—1885年），字雪岩，本名胡光墉，小名顺官。他是19世纪80年代著名的大商人。他出身贫寒，但却胸怀大志。最初是钱庄的一名小伙计，后在杭州自创阜康钱庄。结识左宗棠后，心甘情愿为清廷效犬马之劳：为清军筹运饷械，协助左宗棠创办福州船政局、兰州织呢总局，为洋务运动做了积极努力。左宗棠调任陕甘总督后，胡雪岩主持上海采运局局

务，为朝廷大借外债，筹供军饷和订购军火，为左宗棠西征的胜利贡献颇多。他也因此被朝廷加封红顶，赏穿黄马褂，成为煊赫一时的"红顶商人"。同时他依仗官势，在各省设立阜康银号达二十余处，并经营中药、丝茶业务，操纵江浙商业，资金最高达两千万两以上。他开办胡庆余堂国药号，闻名大江南北，和北京同仁堂齐名，有"北有同仁堂，南有余庆堂"的美誉。虽然胡雪岩最终以破产而惨淡结束了自己辉煌的一生，但是"红顶商人"的传奇经历和经营智慧却一直传为佳话。

（一）学徒生涯

　　胡雪岩出生于1823年（道光三年），死于1885年（光绪十一年），终年62岁。他的出身其实很平凡，但却为其不平凡的一生打下了良好的基础。胡雪岩出生在山清水秀、环境优美的安徽绩溪胡里村。父亲胡鹿泉，字芝田，稍有文化。胡雪岩本名胡光墉，字雪岩，小名顺官，因从小就很乖巧懂事，父亲爱称他为顺儿、顺官。胡家家境不算富裕，但靠几亩田地和小本生意也能使生活无忧。不幸的是在胡雪岩尚且年幼时父亲就去世了。胡鹿泉去世以后，家里只有少许的积蓄，孤儿寡母，无经济来源，很快坐吃山空，生活极其困窘，家道迅速衰落。到了胡雪岩读书的年龄，家里连入私塾的学费都没有。父亲的去世和家道的衰落让胡雪岩早

早体会到了生活的艰辛，母亲的坚强和乐观又让他学会了不轻言放弃。1835年，经人介绍，年仅12岁的胡雪岩抛下母亲和年幼的弟弟，背井离乡只身去杭州信和钱庄做了学徒。正是这里，成为了胡雪岩日后叱咤风云的起点 。

杭州人称学徒为"学生子"，学生子的生活是很辛苦的，要从扫地倒便壶开始，但胡雪岩却做得心甘情愿。他起早贪黑，勤勤恳恳，总是将自己的工作做得十全十美。当时按钱庄惯例，学徒进门，练的第一件基本功就是学习数银票，一连数三十天不能出门，这被称为练"坐功"。在这期间如出差错，就再加练三十天。一旦再出错，那就会被辞退了。凭着聪明和勤奋，胡雪岩表现得最优秀，数得既快又准。在苦练基本功的同时，胡雪岩还培养了自己良好的人际关系。他总是以诚恳、友好的态度

对待店里的其他伙计，无论谁有了急难之事，他总是尽己所能，甚至倾其所有去帮助。他的诚恳、勤快得到了东家和其他伙计的赞赏。学徒期满后，胡雪岩便成了信和钱庄的一名得力的小伙计。起先是"立柜台"，后来又因为表现出色，获得东家和总管店务的"大伙"的信任，被提升为"跑街"，顾名思义，就是负责沿街递送账单及文件书札等工作。胡雪岩是个对工作很用心的人，在未成为跑街之前，他就认真观察、琢磨，已经将跑街的工作技巧基本了然于心，所以正式接手后，表现相当出色。半年之后，他被提升为"出店"，可以接洽生意、联络客户、放款和兜揽存款

等。"出店"的地位仅次于"掌盘"，掌盘之上就是店主了。店主对胡雪岩的工作能力十分赏识，有意提拔他为掌盘，胡雪岩婉言谢绝。他之所以如此选择，主要是他心存大志，不甘平庸，着眼于未来发展。因为掌盘虽然薪水高，分红多，但整天坐守钱庄，反而与外界隔绝，倒不如在外面多加磨炼，广为交游，丰富经验。店主很佩服胡雪岩的远大抱负，提拔他为"二手"，也就是掌盘助理，仍然负责对外业务。当时的胡雪岩24岁。

胡雪岩凭借个人的才智和勤奋，赢得了老板的信任，也赢得了丰富的锻炼机会，为以后自己独立创办钱庄打下了良好的基础。首先，他的工作让他对钱庄的各种工作流程和技巧都很熟悉，积累了丰富的经验；其次，在与各色人物的交往中，他学会了一套识人本领，非常善于处理人际关系。正是以信和钱庄为奋斗的起点，胡雪岩开始了他波澜壮阔的商海生涯。

(二)风险投资

王有龄在信和钱庄任职期间，胡雪岩作了一次大胆却很成功的"风险投资"：襄助捐班候补的王有龄。

王有龄本是福州人，出身于官宦之家，但到了父亲这一代屡试不中，于是花钱捐了一个候补道台，分配到浙江，王有龄也跟随父亲到了浙江。他

父亲到杭州后并没有得到实惠的缺额，心情抑郁，又加上年老体弱，未到一年，就去世了。王有龄没钱送父亲回到故乡安葬，并且家乡也没有可依靠的亲友，他自己就在杭州滞留下来。王有龄的父亲在世时，曾为他捐了一个盐大使的官衔，但也未得到实缺。王有龄期望再捐个县令、道台之类的正经官衔，但苦于没有资本。胡雪岩与王有龄相遇的时候，正是王有龄为自己的未来陷入绝望的时候。在清朝，

捐官一般有两种情况：一种是富而不贵的人，富有钱财，但苦于没有地位，嫌美中不足，花钱捐个功名以抬高身份；一种是官宦子弟，读书虽多，但总也考不中，而且家境又不富裕，拜托亲友，捐个官作为谋生之道。所谓捐官，开始一般只是捐个虚衔，取得某一类官员的资格，如果要想得到实在的职位，还须到吏部报到，称为"投供"补缺，然后

再抽签分派到某省候补。此时的王有龄生计尚且难以维持，根本没有本钱进京投供。

　　胡雪岩一方面很同情王有龄的遭遇，另一方面他觉得王有龄是个人才，会成为一个有作为的官员，所以在两人的一次倾心交谈后，他决心资助王有龄。重要的是，此时胡雪岩手里真的有收账要回的五百两银子。这五百两银子的欠账本是钱庄的死账，即无法要回的账。钱庄本来已经认赔出账，但是胡雪岩人缘很好，对欠账人的态度也诚恳，而且又能言善道，所以这笔死账被胡雪岩顺利地讨回。他将五百两

银子全部借给了王有龄，鼓励他重拾信心。王有龄感激不尽，迅速北上去投供，以取得官员实缺。胡雪岩私自做主将钱款转借给王有龄后，主动向总管店务的大伙和盘托出，并向老板出示了自己办理的借据。但是钱庄这一行最忌讳的就是私自挪用款项，更何况胡雪岩此时只是钱庄里的一个伙计。结果胡雪岩被老板辞

退，而且，对于钱庄一行来说，坏了名声是不容于整个行业的。胡雪岩的生计愈发困难。一度流落到上海，后不得已又回到杭州入妓院做扫堂的伙计。

这时，太平天国的军队已经打下武昌、九江，直取金陵。王有龄北上，走到山东就碰到了他的总角之交何桂清。何桂清之父原本是王有龄家仆人的儿子，因王

有龄的父亲见何桂清人很聪明，就鼓励他与王有龄一起读书。后来两家各奔东西，断了音信。何桂清参加科举考试取得了功名，仕途得意，已经官至江苏学政。王有龄通过何桂清的帮助很快打通了关系，又恰好赶上何桂清的同门师兄黄宗汉时任浙江巡抚，何桂清就修书一封，交与王有龄，叫他去打点黄宗汉。于是王有龄顺顺当当地当上了浙江海运局的坐办。

王有龄是个知恩图报的人，他没忘

记胡雪岩危难之中对他的救助，辗转找到胡雪岩，决定到信和钱庄为胡雪岩澄清事实。胡雪岩本着和气生财的原则，并没有为难信和钱庄的老板和伙计。钱庄的大伙过生日，胡雪岩准备了一个纯金的"寿"字，为大伙拜寿，并且将王有龄引见给大伙。当时大伙非常感动，他双目垂泪，拉着胡雪岩的手，拍着胸口保证：如果以后胡雪岩遇到难事，他一定会尽力帮助。在寿宴上，胡雪岩不断地给到来的老同事、新伙计、客户们发送各式各样的小礼物。这些老同事们都深深地感到，胡雪岩的确是个忠厚仁义的人，于

是更加敬重他。自此后，胡雪岩在钱庄业的声誉大振，这为他日后自己创业，开阜康钱庄打下了良好的基础。

用慧眼识珠来称赞胡雪岩对王有龄的资助是很恰当的。胡雪岩的发迹，正是从资助王有龄开始的。没有胡雪岩的风险投资，王有龄在官场之中可能永无出头之日；但是没有王有龄的支持，胡雪岩也绝对不能成为赫赫有名的一代"红顶商人。胡雪岩以其深远的目光做了一次极为成功的风险投资。

二、第一座靠山

（一）协运漕米

在王有龄的荫庇下，胡雪岩不再做钱庄的小伙计，而是自立门户，开始贩运粮食。他在官与商之间如鱼得水，游刃有余，自此他走上了从商的坦途，事业日渐发达。

胡雪岩凭借其精明的头脑，也为王有龄解决了不少疑难问题。有一次，浙江拖欠朝廷的漕米，如果按常规从浙江海运，那么无论如何也不能如期抵达。运送漕米本来是一项肥差，只是浙江的情况却很特殊。浙江上一年闹旱灾，钱粮无法如数征收。天旱少雨，河道水浅，不利于行船，直至九月漕米还没有起运。同时，黄宗汉曾借漕米问题狠整了与自己不和的负责运送漕米的前任藩司，导致前任藩司自杀身亡。王有龄做海运局坐办时，漕米由河运改海运，也就是由浙江运到上海，再由上海用沙船运往京城。现任藩司因有前任的前车之鉴，不想管漕运的事，便以改海运为由，将事情全部推给王有龄。漕米是上交朝廷的公粮，每年都必须按时足额运到京城，否则将遭重责，所以能否顺利完成这项公差，关系到王有龄的性命和前途。如果按照常规办，王有龄的这桩公事绝对无法完成。

然而这桩在王有龄看来几乎是无

法解决的麻烦事被胡雪岩一个就地买米之计给解决了。胡雪岩认为，反正朝廷要的是米，不管哪里的都一样，只要能按时在上海将漕米交兑足额，就算完成任务。既然如此，可以就在上海买米交兑，这样顺利交差的同时，还省去了漕运的麻烦，问题也就解决了。

通过就地买米这件事情，我们能够看出胡雪岩遇事思路开阔、头脑灵活，不墨守成规，能随机应变的本事。比如黄宗汉、王有龄以及浙江藩司等人拘于漕米必须是由征收地直接上运的老做法，而没有想到应该具体情况具体分析，特殊情况下应该运用新的运作方式。

生意场上少不了如胡雪岩的思路开阔、不拘

成法。胡雪岩说："八个坛子七个盖,盖来盖去不穿帮,就是会做生意。"说的就是做生意要不拘成法,灵活机动。

胡雪岩上海办漕米之行,收获很大。公事方面,替王有龄圆满地完成了代办漕粮的任务;私事方面,汇了两万两银子到黄宗汉名下,博得了黄宗汉的欢心,为日后谋取官职打下了基础。王有龄在胡雪岩的帮助下,顺利完成了运送漕米的任务,因而得到了上司的赏识。由于胡雪岩总是在王有龄危难之时帮助他，王有龄因此终生感激胡雪岩。王、胡的交情天下皆知。王有龄由于其自身确有才干，因此得以从一个穷书生，升至海运局主管，然后升为知府，后来又升为浙江巡抚，为朝廷的二品大员，坐镇一方。

（二）自创钱庄

倚仗官势，胡雪岩最先做的是粮食运输的买卖，然而粮食运输受季节变化的影响很大，如遇灾年，生意很难继续。能够创办自己的钱庄是胡雪岩的夙愿，他也曾经有多年的实践，积累了很丰富的经验。而且，对于胡雪岩来说，开钱庄的最大的好处就是能够通过王有龄代理道岸、县库的钱款往来。代理公家的银子是没有利息的，这等于白借本钱。胡雪岩决

定先把钱庄门户立起来，他为自己的钱庄取名"阜康"。但是钱庄要开办起来，至少需要五万两银子，此时的胡雪岩在资金上还是有一定困难的。王有龄暂时帮助胡雪岩的只能是提供微弱的官势，银钱方面则没有办法帮他。而且，王有龄此时还需要胡雪岩为他筹措海运局漕米解运等公事运作所需的经费。

胡雪岩仍然决定要把自己的钱庄开起来，他在资金问题上有很大的把握，因为他懂得如何借助官场的权势。1860年，在王有龄的大力扶持下，胡雪岩的阜康钱庄大张旗鼓地开张了。

胡雪岩解决资金问题的第一

条渠道是借用信和钱庄垫支给浙江海运局支付漕米的二十万两银子。王有龄一上任就遇到了解运漕米的困难，要顺利完成这一桩公事，需要二十万两银子。胡雪岩与王有龄商议，建议让信和先垫支这二十万两，由自己去和信和磋商。向海运局贷款，这在信和自然也是求之不得的。一来王有龄回到杭州，为胡雪岩洗刷了名声，信和老板正准备巴结胡雪岩。二来信和也正希望与海运局接上关系。一方面是因为浙江海运局主管浙江漕米转运，是粮账公款使用的大户。乾隆年间，朝廷开始着手改漕运为海运。江浙漕粮改为海运，也就是将苏、

松、太地区征收的漕粮交由海运局运往上海，然后由海道运转天津。浙江每年要向京城供应漕粮和专门用于二品以上官员俸禄以及宫廷使用的白粳、白糯近百万石，全由海运局承运。对于信和钱庄来说，能为海运局代理公款往来，自然必有大赚。另一方面，也是更重要的，海运局是官方机构，能够代理海运局公款汇划，在上海的同行中必然会被刮目相看。

声誉信用就是票号钱庄的资本，某一笔生意能不能赚钱倒在其次了。有这两条，向信和商议借款，自是一谈就成。本来海运局借支这二十万两只是短期应急，但胡雪岩要办成长期，他预备移花接木，借信和的本钱，开自己的钱庄。

胡雪岩利用官场助钱庄的第二个渠道，则是一个更加长远的计划，那就是借助王有龄在浙江官场逐渐加强的势力，代理公库。胡雪岩料定王有龄不久一定会外放州县。各级政府机构之间自然有钱税征收、灾害赈济等各种名目的公款往来，公款往来自然要有代理。胡雪岩未雨绸缪，要先一步将钱庄办起来，到时候他就可以顺理成章地代理王有龄所任州县的公库。按照惯例，道库、县库公款往来不必计付利息，而款入钱庄，只要不误解送期限，自然也就可由钱庄自由支配。州县公款往来自然绝不会是小数，大笔的款项汇划到账

的时限之内周转那么一次两次，就可以赚来大笔的利润。这等于白借公家的银子开自己的钱庄。他把自己的钱庄先开起来，虽然现在还是一个空架子，但一旦王有龄外放州县，州县公库一定会由自己的钱庄来代理，那时公款源源而来，空的也就变成了实的。

就这样，胡雪岩先借王有龄的关系，从海运局公款中挪借了五千两银子，在与王有龄商量开钱庄事宜的第二天，就着手延揽人才，租买铺面，把自己的钱庄轰轰烈烈地开起来了。

开张那天，一批名扬苏杭、富甲江南的钱庄业巨头都前来贺喜，他们出手"堆花"的存款都有好几万，而那些散放在柜台上的贺钱，更是难以计数。其余贺喜的同行也络绎不绝。钱庄门前车水马龙，直引得行人驻足观望。为什么杭州城一个小小的钱庄小伙计开钱庄会这么风光呢？这全是靠胡雪岩机灵地在王有龄身上和钱庄大伙身上的投资所取得的成果。同行中都认为他是厚道、有信用之人。而且大家都知道，胡雪岩在官场有朋友，今后难免会托他办事。

历史上还有一种说法，胡雪岩是因为自作主张借钱给湘军发饷，被钱庄辞

退。借钱的军官把他带回营里，又辗转到浙江巡抚王有龄幕下。杭州城为太平军所破，王有龄战死，左宗棠受命巡抚江浙，胡雪岩也便转入左宗棠麾下。后来，一些军官发了战争财，便让胡雪岩出面创办钱庄。

不管哪一个说法正确，有一点是可以肯定的，那就是胡雪岩与军界关系密切。

(三)临危受托

1862年 (同治元年),太平军将领李秀成率军攻打杭州,将杭州城围了个水泄不通。李秀成兵围杭州不过四十天,城内就闹起了饥荒。先是胡雪岩开办了施粥厂,没多久,粥厂不得不关闭。但官米还在计口平卖,米卖完了卖豆子,豆子卖完了卖麦子。又不久,米麦杂粮都吃得光光,便吃药材南货,熟地、米仁、黄精,都可以代饭。再之后就是吃糠、吃皮箱、吃钉鞋、吃草根树皮。到了十一月,杭州城里就弹尽粮绝,出现了人吃人的惨剧。王有龄万般无奈,就派胡雪岩赶往上海买办粮食和军火。胡雪岩从小路逃离杭州城的时候,杭州城内已经是尸积道旁,兵士争夺心肝下酒,饥民争着分抢尸体充饥。

胡雪岩受王有龄重托，到上海办米。两千石米好弄，运米却只有海道可走。胡雪岩凭借和漕帮尤五的交情，求得了他的帮助。尤五原是和沙船帮势不两立的，现在少不得去和沙船帮讲好话，请他们派人帮忙运粮。胡雪岩还雇了英国人华尔的"洋枪队"护送。由于一路上有很多阻碍，直到1862年2月，胡雪岩才将粮食辗转运到杭州。粮食到了杭州城下，却运不进去。太平军把杭州城围得严严实实，城内的王有龄见回天乏术，上吊自杀。王有龄自道："不负朝廷，只负了杭州城内数十万忠义士民！"随后杭州城被太平军攻破。

胡雪岩无奈，夜行昼伏，逆江而上，将粮食转赈宁波。当时，左宗棠正受朝廷之命到江浙平太平军，委以巡抚一职，亲率人马一直向东打来。

粮食转运到宁波时，宁波城也

已经被太平军攻下。不过宁波有租界，在
"中立区"避难的中国人，达七万之多，
粮食供应也出现了危机，随船运到的这
些粮食正好解了燃眉之急。接头联络的
商人要胡雪岩给粮食开个价。胡雪岩却
并没有要价，他没让对方付钱，但是要对
方做出保证：将来以同样数量的粮食归
还，哪一日杭州城收复，哪一日粮食就得
起运，去接济那里的饥民。胡雪岩最终还
是打算完成王有龄所托之事。

　　此时，杭州城内关于胡雪岩却是谣

言四起，风传他以为遭太平军围困的杭州购米为名骗走公款滞留上海；说他手中有大笔王有龄生前给他营运的私财，如今死无对证，已遭吞没。甚至有人谋划向朝廷告他骗走浙江购米公款，误军需国食，导致杭州失守。这意味着胡雪岩不仅会被朝廷治罪，而且即使杭州被朝廷收复之后，他也无法再回杭州。胡雪岩立业的根基都在杭州，但面对此种危机，他却并没有慌乱。他预见了太平军失败已成定局，并且打算到那时亲自带着已采购的粮食登门去拜见左宗棠，澄清一切。

同治元年秋天，闽浙总督左宗棠率领他的几十万人马从安徽进入浙江。左宗棠稳扎稳打，一步一个脚印，终于肃清衢州的太平军。左宗棠一站稳脚跟，立即以衢州为大本营，进一步收复了龙游、兰溪、寿昌、淳安等地，然后继续北上攻克新安江、信安江两江交会的战略要地——严州，继而占领富阳，直逼省城杭州。

杭州城墙高而厚实，非常坚固。它是太平天国的东南要镇，战略地位非常重

要，因此太平军派重兵把守。左宗棠带领数万大军将城池团团围住。他听取别人建议，制定"掘地炸墙"的作战方案。随着轰隆隆一声巨响，城墙被炸掉一大段。左宗棠领兵杀进杭州城。守城的太平军被迫弃城向杭州北面的湖州一带退却。

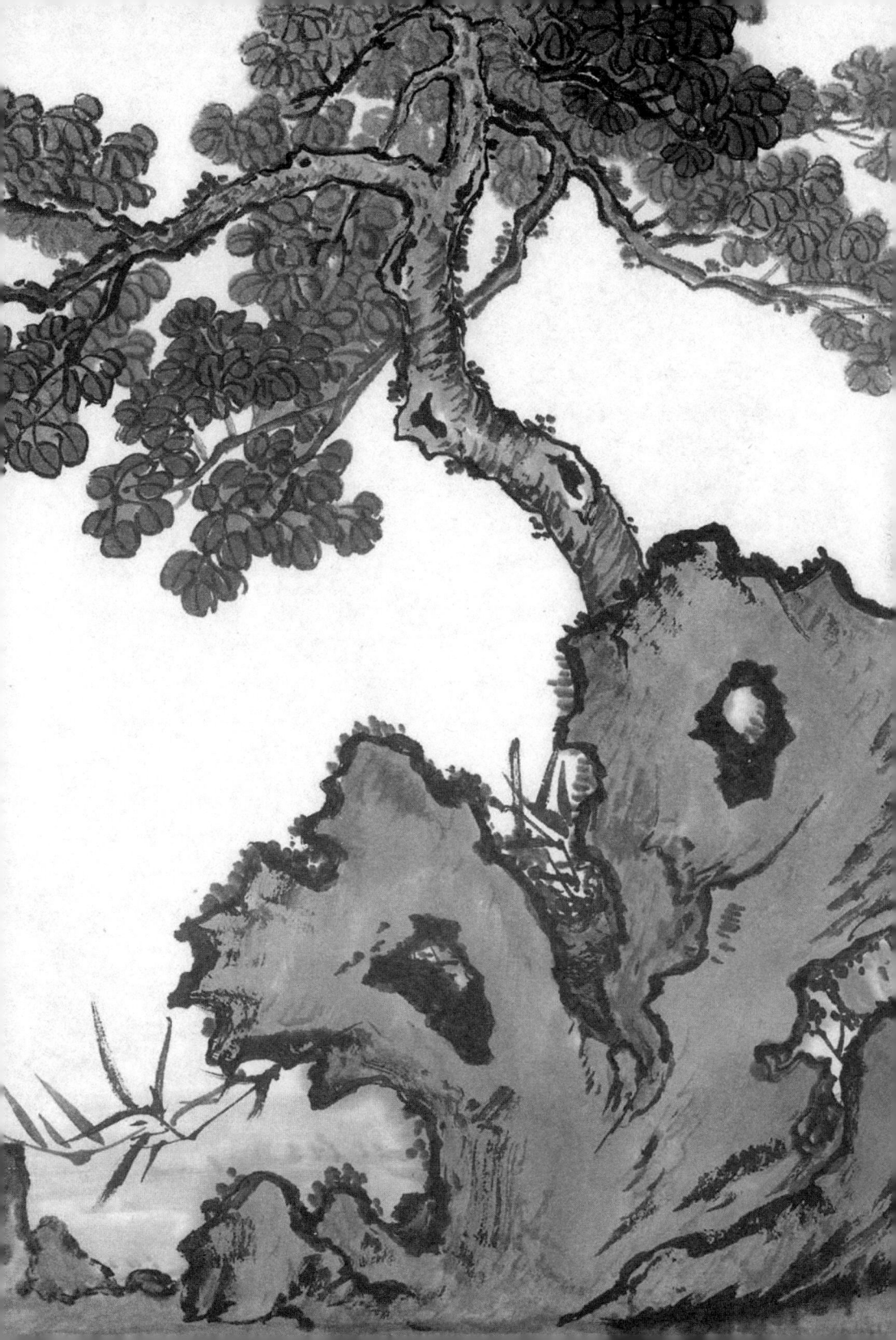

三、事业巅峰

（一）结交左宗棠

杭州城被攻陷的消息很快传到上海。胡雪岩听后喜形于色，立即收拾行李赶往杭州。

时值左宗棠督军余杭，全面负责南京以东战事。初到浙江，左宗棠就曾听人说过，杭州有一名商人，叫胡雪岩，家财万贯，富比王侯。左宗棠身为封疆大臣，

战功显赫，因此就瞧不上以投机经营而发家的商人，加之又听说胡雪岩和巡抚王有龄的关系非同一般，但杭州城被围之时，胡雪岩竟然弃城而去，置"誓共生死"的誓言于不顾，就对之更加鄙夷。所以当胡雪岩去拜访他时，左宗棠对之根本是不屑一顾，见面时连凳子也没给一个，并准备上折子参革胡雪岩。

面对这样的荣辱沉浮，胡雪岩仍是处变不惊，坦然地将事情的来龙去脉告诉了左宗棠，说到王有龄以身殉国，自己却无力相救之处，不禁失声痛哭起来。左宗棠这才明白自己是误信了谣言，胡雪岩潜逃出杭州城并非是贪生怕死，而是为了千万浙江灾民。这时，左宗棠又获悉胡雪岩已经有一万石米运到军营，同时奉上的还有当年采购粮食所剩的两万两藩库银票。两万两银票对于每月军费开支十余万两的左军来说虽是杯水车薪，

但毕竟能解燃眉之急。这使左宗棠怒气全消，因为此时左宗棠正忧心忡忡，杭州连年战争，饿死百姓无数，无人耕作，许多地方真是"白骨露于野，千里无鸡鸣"，自己带数万人马同太平军征战，粮饷已经成了难以解决的问题。胡雪岩此举无疑是雪中送炭。左宗棠大喜过望，并决定"凡善后诸事，悉以委之"，左宗棠入驻杭州之后，有很多事要处理，于是胡雪岩

成了他处理善后事宜的得力帮手。

我们举胡雪岩为左宗棠解决军饷问题为例。由于连年战争，国库早已空虚。两次鸦片战争的巨额赔偿犹如雪上加霜，使征战的清军军费自筹更为困难。胡雪岩为此想到了一个两全其美的办法：收缴太平军将士的钱财。现在太平军起义失败已成定局，很多人都要被治罪。可人数会很多，这样就会引起治安混乱。太平军的将士们一般都积累了些钱财，这些钱财他们无法带走，又不敢公开活动，害怕被逮捕杀头。所以胡雪岩认为最好的办法就是以左宗棠的名义发布通告，只要太平军士兵们主动自首，愿打愿罚各由其便，就可以给其出路，以后不予追究。

这个办法得到了左宗棠的赞成。一方

面收缴了钱财，凑齐了军饷；另一方面又能笼络人心，维护了社会的安定。告示贴出后不多久，逃匿的太平军便纷纷到官府自首。清廷也很惊喜，胡雪岩的阜康钱庄借助这一机会，也得到了很多的利润。

通过这件事，左宗棠真正了解了胡雪岩的为人处事方式。再加之两人都对"只会做事，不会做官"有着强烈的共鸣，所以很快就结为知己，双方持续交往二十年。从此以后，胡雪岩成了左宗棠的得力助手。由于有了左宗棠这个大靠山，胡雪岩的生意也发展迅速。

（二）助筹粮饷

胡雪岩一向认为：无论为官还是经商，都要有一种社会责任感，既要为自己的利益着想，也要为天下的黎民着想。要急天下黎民之所急，才是义的本意。所以他在结识左宗棠之后，尽心尽力地帮助清廷办了很多大事。

上文我们曾经提过，1862年1月，左宗棠率湘军的一支从江西入浙江与太平军作战，继王有龄（其时已因城破自杀）为浙江巡抚时，胡雪岩曾积极帮助左宗棠筹措军饷军需。

1866年，左宗棠调任陕甘总督，让胡雪岩主管上海采运局。左宗棠所需军用物资，胡雪岩都尽力筹措，物资虽"转运艰险"，而"络绎转运无不应期而至""毫无缺误"，左宗棠"卒得其力"。上海采运局的业务范围很广，要同洋人打交道，因为第一是要筹借洋款。第二是购买各色最新的西式弹药和炮械。

此处不得不提胡雪岩替清廷向洋人借款之事。左宗棠的军队需要大量的军饷，但是清廷财政早已是入不敷出。唯一的办法就是向洋人贷款。1867年4月，胡雪岩成功地从英国汇丰银行借款一百二十万两，这成为中国借外债的开始。1868年，左宗棠粮饷再度告急，胡雪岩又向洋人借了一百万两，这是第二笔。

1872年，左宗棠进到甘肃，粮饷更是

困难，尤其是西北的冬天来得早去得迟，很多时候都是零下二十几度，左宗棠的部队缺少过冬的棉衣。8月，胡雪岩捐制了两万件加厚棉衣运到左宗棠军队驻地。这年冬天，甘肃连降大雪，这些棉衣，无疑是雪中送炭！

1875年，清廷又任命左宗棠为钦差大臣，督办新疆军务。胡雪岩继续承担购运西洋军火，筹借洋款的事务。12月12日，左宗棠致信胡雪岩，要求迅速供应来

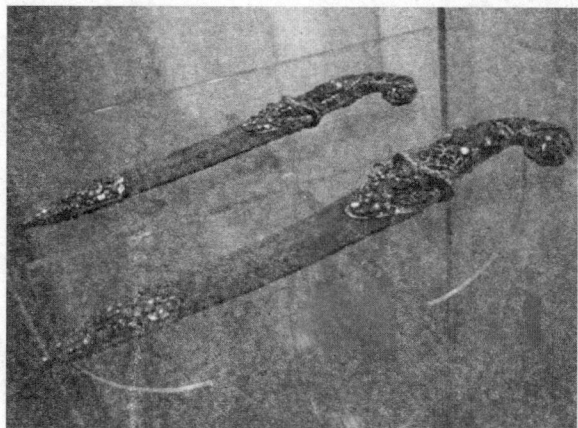

御敌，同时叫他帮助借洋债五百万两。第二年6月，胡雪岩从汇丰银行借到五百万两银子，解了左宗棠粮饷之困。据统计，胡雪岩前后替清廷借洋款达一千六百万两之多。

左宗棠历经十多年的时间，最终完成了平定陕甘、收复新疆的伟业，这是左宗棠一生最大的功业，胡雪岩在这其中所作的贡献也让后人永远铭记，他也因此走上了红顶商人的事业顶峰。

1878年（光绪四年）新疆平乱成功结束，左宗棠胜利回京。朝廷论功行赏，他上奏皇上，赞扬胡雪岩的功绩"实与前敌

　　将领无殊"。左宗棠称道胡雪岩的功绩

说："实有不可没者。"又就筹饷问题说：

"不能得于各省方面者，仅得之于雪岩，

平心而论，设无此君，前敌诸公亦将何所

措手。"这不仅是为胡宣扬，也是为替胡

雪岩请功预作张本。

（三）协办洋务

胡雪岩除了为清军办后勤，对洋务事业也曾经做出过贡献。

1866年（同治五年），胡雪岩建议左宗棠在福州设立船政局，得到了左宗棠的赞同。左宗棠在给朝廷的奏折上说："欲防海之害而收共利，非整理水师不可；欲整理水师，非设局监造大轮船不可。"他同时提出造船的五年计划，预算三百万两。左宗棠的奏议获得清政府的批准。这年8月，左宗棠亲至福州购买马尾山下二百多亩农田作为厂址，由于厂址在马尾，所以福州船政局又叫马尾船政局。7月14日，清政府发布"上谕"调左宗棠担任陕甘总督，为了不使草创阶段的福州船政局半途而废，左宗棠向朝廷推荐了沈葆桢接任福建船政大臣。同时，他用"密奏"的形式保举了胡雪岩，恳请朝廷授给胡雪岩"布政使"的官衔，和沈葆桢

共同筹建船政局。加了布政使衔，就可以改换顶戴。胡雪岩的原官衔是按察使，是正三品，戴的是亮蓝顶子，布政使是从二品，便可以戴红顶子了。捐班出身的官，一般很难戴到红顶子，商人更是不可能。

左宗棠赴任西北，船政局由沈葆桢和胡雪岩续办。左宗棠责令"凡局务及出入款项，责胡光墉一手经理"。胡雪岩出面与法国人德克碑、日意格谈判，达成《船政事宜十条》。留在福建的胡雪岩深知自己肩上的担子很重，自然不敢有所懈怠。他辅佐沈葆桢，承担了筹措工料、聘请匠师、雇工、开艺局（技术学校）等具体而又重要的事务性工作。在他的辛勤奔走和筹划下，船政局聘请了法国人日意格、德克碑为正副监督，向国外定购了机器、大铁船槽，引进法国工程技术人员，还设立了"求是堂艺局"，招十余岁的聪明少年，延聘洋师讲授外语、图书、算学，培养督造、管驾等方面的技能。随着转锯厂、大机器厂、水缸厂、木模厂、铸铁厂、钟表厂、铜厂以及储材厂的相继建成，1868年1月，福州船政局正式开工。1869年（同治八年），福州船政局建造的第一艘轮船"万年青"号下水成功，这是中

国自己制造的第一艘轮船。到1874年,福州船政局共造出十五艘船,而且能够不用外国师匠的帮助,自行制造。

福州船政局比1867年(同治六年)李鸿章在上海办的江南造船所还早一年,是中国第一家新式造船企业,也是当时中国最大的船舶修造厂。虽然与外国相比,在造船技术上还存在很大的差距,但它具有开风气之先的意义。

在筹建福州船政局的同时,左宗棠

还打算发展民用工业。在1866年6月25日的奏折中左宗棠指出："由此更添机器，触类旁通。凡制造枪炮炸弹，铸钱、治水，有适民生日用者，均可次第为之。"左宗棠在西北创办了与福州船政局齐名的甘肃织呢总局。1877年冬天，左宗棠身边的机械化的总兵、掌握了近代科技知识的甘肃制造局委员赖长，把一段用自造的机器织成的呢片交给了左宗棠。左宗棠验看之后发现，这段呢片与从外国输入的洋绒相似，不但美观，而且结实。在赖长的建议下，左宗棠决定购置外国机器，正式兴办织呢厂。

1878年左宗棠托付胡雪岩购置全套织呢、织布火机，运到兰州。胡雪岩在获得清廷批准后，按左宗棠的指示，托泰来洋行经理在德国购置机器和招聘技术人员。后来，由

胡雪岩经手，向德方定购了全套小型的毛织机器，包括每架三百六十锭的纺机三架、织机二十架、洗毛机三架，其余有和毛、烘毛、刮毛、修毛、染色和磨光等多架机器，还配有二十四匹和三十匹的蒸汽发动机各一台。胡雪岩还雇请了德国技师去安装机器和传授技艺。

1879年春，机器开始运往兰州。当时，大小机器加在一起有四千多箱。运输的行程非常曲折，首先是从德国运到上海，再从上海用轮船运到汉口。到了汉口后，要花费上千的人力和畜力将其抬上岸。之后再一批一批地运抵兰州。那个时候，我国的交通运输特别落后，去兰州的路途不但遥远，更重要的是山路崎岖，这给运送工作带来了很大的困难。直到1880年5月所有机器才最终运抵兰州，9月16日，工厂正式开工，其时，只开一半织机，每天成布八匹，每匹长五十尺，宽五尺。甘肃织呢总局比李鸿章的上海机器织布局还要早，是我国第一个机器国货工厂，也是洋务运动中最早的一家官办轻工企业。

虽然甘肃织呢总局不到三年就被迫停止生产，但是作为我国第一个机织毛纺企业，它在落后的西北地区树立了学习西方先进技术、自强求富的榜样。

西北地区干旱少雨，粮食和蔬菜种植受限严重，百姓叫苦连天。左宗棠到了西北后，打算在此地大力兴建

水利工程。西北地区的灌溉主要依靠的是泾河，但当地人对它的利用并不充分，只有三条水渠从泾河引水灌溉。左宗棠经过实地考察，最后决定在泾河上游引渠，节节做闸蓄水，以解决干旱问题。

1877年，西北大旱，左宗棠开始率众挖泾河。胡雪岩又接受了为左宗棠采买机器的任务。他从德国购买了一套开河用的机器，同时雇请了德国技师。1880年秋天，机器和技师到达泾河工地。挖掘过程中，发现还需要开石的机器。胡雪岩又再一次地去添购开石机。胡雪岩帮助左宗棠引进机器，在古朴荒凉的西北高原用西洋机器开河凿渠，是个很大的创举。

可以说对于西北边防的巩固，胡雪岩的功劳不比左宗棠麾下的大将逊色，在某种程度上，应是有过之而无不及的。左宗棠在称赞胡雪岩对船政局的贡献时说"阁下创议之功伟矣"。

（四）名利双收

光绪四年春天，左宗棠晋封为二等侯。胡雪岩的事业也随之达到了巅峰。左宗棠知道如果没有胡雪岩的筹饷和后勤支援，他不可能获得如此辉煌的成就。因此这年的4月14日，左宗棠会同陕西巡抚谭钟麟，联衔出奏，请求朝廷破格奖赏胡雪岩，列举他的功劳达九款之多。前五款是历年各省水陆灾荒，胡雪岩奉母命捐银赈济的实绩，

因而为胡雪岩的母亲胡老太太博得一个正一品的封典，使得胡雪岩在杭州城内元宝街的门宅得以大起门楼。浙江巡抚到胡家，亦需在大门外下轿，因为巡抚的品秩只是正二品。

后四款才是胡雪岩真正的功绩。一是胡雪岩在杭州开了规模宏大的药店，其声名可以同北京的同仁堂相媲美。历年左宗棠的部队日常所需的"诸葛行军散""避瘟丹""六神丸"之类的成药，主治跌打损伤的膏药、金疮药，以及军中所用药材，都由胡雪岩捐赠；其次是奉左宗棠之命，在上海设立采运局，采购转运毫无延误；再次是经手购买外国火器，物美价廉；最后一项最重要，即是为左宗棠筹饷，除了借洋债及商债，前后合计在一千六百万两之外，各省的协饷亦由胡雪岩一手经理。协饷未到，而前线不能发饷时，多由胡雪岩垫付。

这份能维持士气的功劳，左宗棠认为"实与前敌将领无殊"，所以他请求能"破格优赏穿黄马褂"，得到了皇帝的准许。胡雪岩是捐钱的道员，因为军功赏加布政使衔，从二品文官顶戴用珊瑚。乾隆年间的盐商有戴红顶子的，然而戴红

顶子又穿黄马褂的，只有一个胡雪岩。

胡雪岩是个商人，在为朝廷尽力的同时，自然不会忘了从中渔利。

无论是经手借款还是采购军火，都有回扣。借款的回扣是5%上下，军火的回扣一般是总款的二成。而在采购上，价格方面还另有虚头，即虚报价格，有的时候，在实价上加的虚头，竟然占到实价的三分之一。这样，虽然仍叫做"采购"，实际是做变相的军火生意，而且是无本的买卖。胡雪岩在保证清军供给的同时，他自己的私囊也急剧地膨胀了起来。

胡雪岩的事业主要包括金融商业、

生丝出口以及他创立的驰名国内外的药店——胡庆余堂。

胡雪岩1860年自开钱庄，他最早开设的阜康钱庄设在杭州，接着又在上海开设分店，名曰阜康雪记钱庄。不久，在北京、天津也设置了分号。还有其他店名的钱庄，如通泉等。除此之外，胡雪岩还设立了银号和典当铺。银号，又叫关银号，设在海关，代替官府缴纳进口税。在19世纪六七十年代全国开港通商口岸中，开设的二十一家关银号中，胡雪岩独资经营的就有六家，分别设立在厦门、福州、温州、宁波、上海、汉口六地，其中资金最雄厚的是上海的福康号和汉口的乾裕号。典当铺主要是以物品作抵押的高利借贷机构，其本质也属于金融业。胡雪岩开设的

典当总计达二十六家，其中在江浙两省有二十三家，还有三家在两湖。钱庄、银号和典当合在一起，构成胡氏的金融网。这个网遍及苏、浙、闽各地以至两湖、京津。胡雪岩灵活地运用了这些钱财，赢得了所谓"大银行家""杰出的银行家"的美名。

生丝是我国传统出口的货种。鸦片战争后销量剧增，1845年的出口量是6400包，1848年竟然一跃到1.81万包，1852年达到4.13万余包。短短八年的时间出口量增加了6.4倍。1870年我国丝的出口值高达二千一百余万两，而同年全国出口总值是六千三百万两。丝商多以此暴富。单计产地南浔一镇，以经营生丝而发家，积产在银百万两以上的就有四家，其中之一是庞家。面对如此丰厚的利润，大致从1870年前后起，胡雪

岩与庞家的庞云缯合作，做起了生丝出口的生意。

胡雪岩倚仗官势，再加上他灵活的生意头脑，使所经营的商业都有蒸蒸日上的趋势。如他开钱店、银号、调拨协饷，一般的钱款往来都是数万、十万、数十万；他主持赈局，一面劝捐，一面放赈，使自己的店号可以得到双份的收入。据史料："时湘人存资，数逾(银)千万(两)。"大笔汇划、厚实储金，促使店号商誉日隆。当时"官商寄顿资财，动辄巨万"。如恭亲王奕　、刑部尚书协办大学士文煜两人，所存共达百余万，其中文煜的确数为银五十六万两。就关银号说，经手税饷，照例有佣金可得，大致为1%。估计当时此项收益，每年约达库平银五十万两。此外，关税天天有收，税金上交则是定期的。利用其间时差，又可从中牟利。调拨协饷、汇解军饷，也相

类似。除了该得的汇兑费用，在银两滞留时又可利用。他的钱店、银号生意越做越旺。生丝生意是宗赚大钱的买卖。他本人财大气粗，又找到有经营经验的帮手，更是如虎添翼。据记载：只几年，他"专营出口""几垄断国际市场"，给他带来滚滚利润。他独资创办的胡庆余堂生意也很红火，到1880年前后，已有资金达二百八十万两，其声誉和北京的同仁堂不相上下。

四、败业之途

（一）李左之争

所谓"成也萧何，败也萧何"。胡雪岩的生意之所以能遍及大江南北、兼及海外，并受皇帝赐封，穿黄马褂，实赖以左宗棠为首的官员的庇护，然而其失败却也是官场势力相互倾轧的结果。这里必须要交待一下李鸿章和左宗棠的矛盾。

自从湘军统帅曾国藩消灭太平军后，

在清廷中的地位日益显要。曾国藩、左宗棠、李鸿章人人手握重权，在朝廷中具有举足轻重的影响力。

但曾国藩在平定太平军后，因担心自己功高主忌，于是悄然退隐，解散湘军。而此时李鸿章的淮军却逐渐势大，成了朝廷中的新焦点，左宗棠原为曾国藩的幕僚，后来脱颖而出，受到国人称道。俗话道：一山难容二虎。曾国藩在世之日，左宗棠、李鸿章还各自收敛，不敢放肆，曾国藩一死，李鸿章与左宗棠便开始分道扬镳，互相排挤对方。

两人争执的焦点在于国防政策。李鸿章认为当今之世，西方各国对中国虎视已久，于是主张建立强大的海防力量，对付列强进攻，于是大力建设北洋水师，一帮大臣也附和其海防主张，声称中国必要加强海军建设。而左宗棠认为中国的安危，在于稳定内陆，防备外国入侵，故提出陆防论，军机处也有一帮大臣附和他的主张。

李鸿章也不与之计较，两人各行其是，在朝中拟建立水师衙门，交与李鸿章经办。李鸿章打算把海军基地选在上海，进而控制南洋海防，成为中国的海军王。李鸿章来到上海，召见上海官吏，筹划兴建衙门等事宜。盛宣怀是李鸿章最赏识的人物，他名为北洋大臣帮办，实则是李鸿章的"财政部长"，专事替他筹集资金。这

次要在上海筹划兴建衙门的事宜，主要就是靠盛宣怀在全力张罗。不料，此时左宗棠和李鸿章的利益出现了冲突。

原来左宗棠在军机处待了一段时间后，也发觉中国海防空虚，虽然他极力主张陆防，但攸关国家安危，却也不得不要求加强海防。兼之李鸿章手握北洋水师，权势如日中天，令左宗棠耿耿于怀，他也想在海防上加强自己的势力，扩大影响，正在这时，朝廷又调任左宗棠为两江总督，署理东南半壁政务。于是他亲自到上海视察，从原湘军水师中招集人马，创办船政，制造新式军舰。南方海防在左宗棠领导下正如火如荼地开展着。

李鸿章无法容忍左宗棠从自己口中争夺利益，决心与之一战，他的目标是打垮左宗棠。李鸿章准备从左宗棠的羽翼开始下手，无疑，胡雪岩是左宗棠最得力的助手，左宗棠的每件大的功绩几乎都有胡雪岩的鼎力相助。自此，李鸿章开始派盛宣怀着力调查胡雪岩，准备寻找机会。

这里我们有必要介绍一下盛宣怀。盛宣怀（1844年11月4日—1916年4月27日），出身官僚地主家庭。出生于江苏常州府武进县龙溪，逝世于上海，字杏荪，又字幼勖、荇生、杏生，号次沂，又号补楼、别署愚斋，晚年自号止叟。盛宣怀的父亲盛康是清朝的官员，与李鸿章有交情，1870年（同治九年）盛宣怀被李鸿章招入其幕府，受到李的赏识。他是清末的一位政治家、企业家

和福利事业家、官僚买办。1879年，署天津河间兵备道。1884年，赴粤办理沙面事件；同年，署天津海关道。1885年，任招商局督办。1886年，任山东登莱青兵备道道台兼东海关监督。次年，在烟台独资经营客货海运，航运范围不仅扩大到山东整个沿海，而且还开辟了烟台至旅顺的航线。1891年春，在烟台设立胶东第一广仁堂慈善机构。次年，任直隶津海关道兼直隶津海关监督。1896年，任铁路公司督办，接办汉阳铁厂、大冶铁矿，奏设南洋公学于上海。1902年，任正二品工部左侍郎。他的一生曾创下了很多个"第一"：1872年拟定中国第一个集商资商办的《轮船招商章程》；1880年创建中国第一个电报局——天津电报局；1886年创办中国第一个山东内河小火轮公司；19世纪70年代在湖北"勘矿"；1896年接办汉阳铁厂，逐

渐发展为真正称得上钢铁联合企业——

汉冶萍煤铁厂矿公司；19世纪90年代后

期修筑中国第一条铁路干线卢汉铁路；

1897年建成中国第一家银行——中国通

商银行；1895年创办中国第一所正规大

学——北洋大学堂；1897年在南洋公学

首开师范班，这是中国第一所正规高等

师范学堂；1902年创办中国勘矿总公司；1904年在上海创办红十字会并于1907年被清政府任命为中国红十字会首任会长；1910年办成私人的上海图书馆。

当时，盛宣怀不仅是李鸿章的幕僚，同时他还是一个很有名气的大商人，和胡雪岩是同行。所谓同行是冤家，即使没有李鸿章的授意，他也很想同胡雪岩斗一斗。所以历史上有"盛宣怀气死胡雪岩"的说法，我们不能完全相信这种说法，但能从中看出两人的关系。

(二)误囤生丝

生丝本是我国传统的大宗出口物资，在国际市场上处于独占的地位。但从19世纪中叶开始，日本丝业逐渐崛起，意大利、法国生丝也逐渐与我国争夺市场，我国生丝出口量开始大量减少，并且为外商所垄断。生丝出口本是能谋取厚利的行业，此时的胡雪岩经营生丝出口的生意已经很多年了。他深切地感觉到形势和以前不同了，在上海的外商日益掌握丝价主动权，低价收购，我们本国的商人很吃亏，获利很少。于是，他集结一些中小商人，说服他们联合起来共同对付洋人，扭转华商的被动局面。胡雪岩和中小经营者们商量之后决定通过控制货源与外商较量，期望达到使外人不能操纵，丝农也有所收获的目的。应该肯定，他

的志气是可贵的，他的做法是合理的，可惜在当时已经形成的国际生丝市场的形势，加上非其个人所能抗拒的其他因素，反而使自己遭到了巨大的打击。

前些年，在与洋人抗衡的过程中，胡雪岩曾经取得过胜利。这次胡雪岩打算凭借实力再与洋人斗争，以他的说法是"鸟争一口食，人争一口气"，他开始向洋人叫板。1881—1882年间胡雪岩开始大量收购、掌握生丝八千包。据统计，到了1882年，他已经囤积了1.5万包，这已经超过了当年上海生丝量的三分之二。1883年新丝将出，胡雪岩拿出巨资去生丝产地大量收购，想做到夷人欲买一斤而莫得。这样华商们就有了优势，就可以等待时机高价出售给洋商，以此夺回销售生丝的主动权，打击洋商们嚣张

的气焰。

可是，这一年在上海出现了金融恐慌的征兆。加上中法战争爆发，法国兵船开入吴淞口，拦截检查进出港口的船只，造成人心惶惶，更加重了金融恐慌，生丝经营者的联合体开始分裂，很多人着急出售。与此同时，国际市场萧条，伦敦丝价趋跌。

洋商们在此情况下故意扬言说他们今年停做生丝生意。丝价急剧下跌，并且

有行无市。胡雪岩的生丝都是花高价收购的，他错走了这一步，却毁掉了整个基业。经过一段僵持，他最后想通过交情，以本钱的价格向洋商们出售生丝。此时，洋商们认钱不认人，他们猛压价格。如胡雪岩接受他们提出的超低价格，这笔买卖才能成交。生丝贮存久了，就会变质。胡雪岩被逼无奈，赔本出售了自己高价购进的生丝。据当日《申报》载：胡光墉牺牲血本拍卖，总共出售三次共1.5万包。据估算，这一次生丝买卖，胡雪岩就亏损达二百万两本银。而他在生丝生意上最终损失一千多万两银子。

　　胡雪岩本想通过自己的努力打败洋商，为华商争口气，为百姓谋些利，当然更想为自己赚取丰厚的利润。但是受国际政治经济形势的限制，"事未成而亏蚀甚巨"。这次生丝生意的失败对胡雪岩的商业网是个致命的打击，他所经营的钱庄、典当，相继因资金无法周转而停止营业。再加上李鸿章和左宗棠之间的政治斗争愈演愈烈，所以李鸿章授意自己的同党，散布胡氏经营不利的消息，煽动钱庄储户挤兑。在李鸿章等的打击控制下，胡雪岩赖以周转的大量官款被完全掐断。而胡雪岩的资金全部压在生丝上，一时又无法全部出手，储户的挤兑无疑是落井下石，他的事业

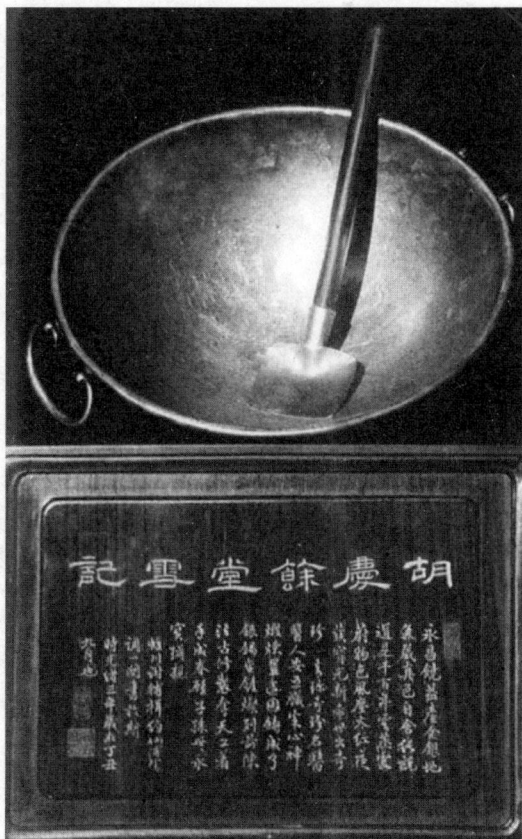

走上了绝路。正当胡雪岩处在极度艰难的时刻，他替清廷向洋人贷款，从中收取回扣的事情败露，清廷调令地方官查抄他的产业，并令归还公款。曾经荣耀无比的"红顶商人"被就地免职。胡氏的商业大厦，顷刻之间全盘倒塌。

胡雪岩的败落有很多原因，他过分依靠官场势力，最终成为政治斗争的牺牲品。胡雪岩一生最大的靠山是左宗棠，左宗棠也是因为胡雪岩的有力支持，才顺利成就了一些大的功勋。左宗棠与李鸿章积怨非常深，势如水火。这种斗争必然会波及到胡雪岩的事业。同时，胡雪岩对国际经济形势和行情缺乏了解。他有很大一部分资金都是用来做生丝出口生意的，既然是出口，就必须对国际行情了

如指掌。胡雪岩的观念一直停留在19 世纪80 年代以前。殊不知，国际生丝行情自19世纪80年代起已经发生了很大的改变，伦敦代替中国的上海成为价格的主导地。不能得到清廷的支持，单凭个人无法与大形势抗衡。胡雪岩以为自己可以左右蚕丝价格和市场，动用巨资囤积大量蚕丝，想托起丝价，关键时刻既得不到国内资金市场的支持，还受到官府的打击排挤，一场蚕丝价格大战，胡雪岩以惨败告终。 胡雪岩巨富之后，挥霍无度、铺张浪费。他为人豪爽，办事讲求场面宏大，花钱都是大手笔。他营造精美豪华的住宅，聘请的设计师曾经为京师的一位王爷设计过豪华园林。胡雪岩本来有新建的住宅，但是不合心意，于是将其拆掉重建。这位设计师在西湖灵隐寺一带搜奇探胜，将图样交给胡雪岩。胡雪岩看后非常高兴，决定按照图样建造新居。最后建成锁春、洗秋、冷香等十六大院。据说院子中装饰的狮子，眼睛竟然是用黄金做的。光一座假山就花费了九万两银子。他居住

的大厅小室，四壁都陈列着秦汉古董，每件可值千金。妻妾仆从前呼后拥。

总之，胡雪岩的失败，既是那个年代民族的悲剧，也是他个人的悲剧。

五、江南药王

（一）采办务真，修制务精

胡雪岩在其事业的全盛时期，创办了自己的药店，主要经营中医药。筹建工作于1874年(同治十三年)开始，1878（光绪四年)春正式营业，店名为胡庆余堂。

胡雪岩创办药业并不是一时冲动，而是他认为在当时战乱和天灾的侵袭下，会有很多伤病和瘟疫，开办药店不但可

以谋利，还可以治病救人，行善积德，可谓一举两得。

虽然胡雪岩是个商人，做任何事情都会有利润的考虑。但是他也始终没有忘记做生意的根本原则，那就是诚信。药品行业关系到人的生命，更是不能有半点马虎之心的。所以胡庆余堂刚创办的时候，胡雪岩就亲自立下了戒欺匾，挂在了店堂的里侧。全文内容如下：

凡百贸易均着不得欺字，药业关系性命，尤为万不可欺。余存心济世，誓不以劣品弋取厚利，惟愿诸君心余之心，采办务真，修制务精，不至欺予以欺世人，是则造福冥冥，谓诸君之善为余谋也可，谓诸君之善自为谋也亦可。

光绪四年四月雪记主人跋

戒欺匾上这段文字的意思是说：做任何买卖都不能有欺诈的行为，药品行业关系到人的性命，就更不能有欺骗，我创办药店是为了济世利民，发誓不会以劣质的药品去牟取暴利。希望大家能怀着和我同样的心思，采购药材一定要地道，加工成药务必要精细，不至于蒙骗我又蒙蔽世人，这样才是积阴德，可说大家是为我着想，也是大家自重自爱。

因此，戒欺匾上的"采办务真，修制务精"八个字就成了胡庆余堂办店的基本方针。

所谓"采办务真"就是采购的药材一定要上等地道。这是保证药品质量的前

提。为此，胡雪岩可以说是费尽心力。在药材采购方面，在产地自设坐庄，选派得力里手认真收购。一般的药店都是通过药材行采办原材料，这样的中间周转难免会使质量滑坡。胡雪岩则在全国各地的药材产区自设药材庄，派行家里手亲自去收购药材，这样减少了周转环节，损耗少，价格便宜。最重要的是取得了上好的药材。同时，胡雪岩还为药农的利益着想，隔年放给他们贷款，以免他们资金周转不灵，这样做使药农们都很愿意将上好的药材卖给胡雪岩。在药材挑选方面，胡庆余堂也是加倍地精心。原料进来后，都要拣去杂质，胡雪岩的宗旨是宁缺毋滥，哪怕是麝香这样的贵重原料，药工们也仔细地把混在麝香粉里的细毛、血衣一一拣除，按斤两收购的原料在这样精挑细选下会有很多损耗，药的成本自然高涨，但却能够保证药效。在药材的储藏方面，胡雪岩花巨资建造了三个药材仓库和一个胶库，这些仓库保证了胡庆余堂能够长期储存药品。据说在胶厂贮藏的驴皮膏历时四年都不会

变质。

胡庆余堂有许多这方面的事例。为了采购地道的药材，胡雪岩总是选择药材的最好产地。史料上曾记载，凡"采驴皮必去河北新集、山东濮县；采购山药、生地、牛膝、金银花，必去淮河流域；采购当归、党参、黄芪，必去秦陇；采购麝香、贝母、川莲，必去云、贵、川；采购人参、虎骨、鹿茸，必去关外"。

胡庆余堂独家生产的"胡氏辟瘟丹"主治头晕胸闷和腹泻，这种药的制作共需要七十多味药材，要想保证绝佳的药效，就需要用顶真的原料。其中有一味药

材叫石龙子，也叫四脚蛇，这本来是一种常见的爬虫，但是用到"胡氏辟瘟丹"里的石龙子却必须是在灵隐和天竺一带出没的铜石龙子。铜石龙子天性警觉异常，而且爬行速度非常快，不容易被抓获，为了保证辟瘟丹的质量，每到夏季，胡雪岩都会组织员工亲自上山按照要求捕捉。

大补全鹿丸，从其名字就可以发现此药的原料全都取自鹿的身上，非常珍贵。更特别的是所需之鹿必须是雄梅花鹿。为此，胡雪岩在药店不远处设了一个养鹿场，专门蓄养梅花鹿。宰杀的过程都是当众进行，让百姓知晓胡庆余堂的药材是顶真的。

所谓"修制务精"就是制作药品的过程一定要精细。胡庆余堂里面挂着这样一幅"修合虽无人见，诚心自有天知"的对联，用以对药工们起警示作用。因为中药行业有单方秘制的特点，制成药品后，一般人很难根据外观辨别真假好坏，所以有"药糊涂"的说法。胡雪岩在这方面却从不犯糊涂，在他的教导和以身作则之下，胡庆余堂的每个药工都以修制务精为工作准则。

《太平惠民和剂局方》上有一种药叫做紫雪丹，有镇惊通窍的作用。制作这个药的最后一道工序是煎熬，但不适合用铜铁锅。为了保证质量，胡雪岩不惜工本耗去白银约一千八百三十五克、黄金约一百三十三克，做成银锅金铲，用于专门制作紫雪丹。

大黄是药店的一种常用药，但我们并不知道其实入药时能够

用到的仅是其根茎部分，胡庆余堂的药工们每次都是不厌其烦地仔细剥去大黄的表皮，然后小心地摘去根茎；苦杏仁尖是有毒的，药工更是不敢马虎，从来都是在除尖后才将它入药。栀子可用来制牛黄清心丸，药工们总要剥壳取仁；麦东必先去心；麻黄要去节；莲子要去芯；肉桂剥去皮；五倍子去掉毛。所有这些确保了胡庆余堂生产的中药在色、香、味和疗效上都有独到之处。

"采办务真，修制务精"使胡庆余堂货真价实的信誉有口皆碑。胡庆余堂推出了以安宫牛黄丸、十全大补丸、人参再造丸、女科八宝丸、直指香莲丸、六神丸、全鹿丹、辟瘟丹、紫雪丹等一大批名牌产品，这些药品也为胡雪岩开辟了滚滚财源，树起了一块"雪记"金字招牌。胡庆余堂这块金字招牌，饮誉海内外，经久不衰。虽然多次更换主人，但雪记的招牌已经深入人心。

（二）顾客乃养生之源

在胡庆余堂有两块牌子非常引人注目，并且很有深意。一块对内挂的是胡雪岩亲自立下的戒欺匾额；一块是对外挂的"真不二价"，胡雪岩常说，顾客乃是养生之源，所以要真不二价，童叟无欺。

从这里我们可以发现胡雪岩以顾客为本，服务至上的经营理念，他首先从自身这样做起。胡雪岩作为赫赫有名的"红顶商人"：有钱，有权，就连朝廷的大员都要对其礼让三分。就是这样一个人，在胡庆余堂刚开业的一段时期内，竟然头戴花翎、胸挂朝珠、身穿官服，亲自在店内热情接待顾客。胡雪岩的为人，由此可见一斑。同时，他还注意加强对员工们的训练和考核。进入胡庆余堂的伙计，首先要具有的就是热情、礼貌的态度：顾

客进店门，店员要起立打招呼；顾客提出的合理要求，必须满足；为顾客配药，不能漏掉任何一味。总之，就是要使顾客高兴而来，满意而归。

在这方面，也有很多实例，我们举其中两个为大家做说明。

一次，有一个从湖州来的香客在胡庆余堂买了一盒胡氏辟瘟丹，打开看过之后，露出了不满意的神情。恰巧胡雪岩在一旁看到了，立即走到跟前亲自询问情况，并打开药品当场验视，他发现这盒药确实有欠缺之处后，非常诚恳地向顾客表示歉意，叫店员另换新药。恰巧这天辟瘟丹已经卖没了，于是胡雪岩和香客约定三日内来取药，但又考虑其远道而来，便留他住在胡庆余堂，负责食宿。三天过去了，胡雪岩如约把新配置成的辟瘟丹送到湖州香客手里。这位香客被胡雪岩的真诚深深感动了。此后，这位香客逢人便讲胡庆余堂服务周到、胡雪岩仁义待客之事，一时传为佳话。

还有一件被广为传诵的事情也是发生在胡庆余堂开办不久的时候。有一个因知道自己中举而兴奋过度引发癫狂病的新科举人来求医。这个人家里很贫穷，历经艰辛才考取了功名。很容易让我们联想到《范进中举》中范进的疯癫。治愈这种癫狂病需用的药叫做龙虎丸，但是胡庆余堂当时没有这种药。胡雪岩没有拒绝这位顾客，而是承诺在

半月之内一定制出龙虎丸。当时的药物全要用人力手工来搅拌，制龙虎丸需要剧毒砒霜来做配料。如果搅拌不均匀，不但不能治病，反而会危及性命，没有一个药工愿意做这个风险活。但是十三天之后，龙虎丸却制成了，那位举人因服用此药，没几天就治愈了癫狂病。原来，他让药工将药粉均匀地摊在竹苇上之后，用木棒在上面反复写九百九十九遍"龙""虎"二字，写完之后，药粉自然就被搅拌均匀了。

还有很多事情能够体现胡庆余堂"顾客乃生命之源"的服务宗旨，例如：胡庆余堂内专门设有顾客休息的座椅；在暑热难耐的夏天，免费提供清凉解热的中草药汤和各种疹药；因为胡庆余堂地处吴山附近，是香客进香的必经之路。在农历初一、十五的时候，大批香客会赶庙烧香，涌进杭州城，这时候，胡庆余

堂就会将药品降价出售；在冬天，气管炎、哮喘病发病的几率就会很高，所以时常会有人在半夜三更来就诊求药，值夜的药工一定会遵守胡庆余堂为急诊病人现熬鲜竹沥的规定，劈开新鲜的淡竹，在炭炉上用小火烘烤，待竹沥慢慢渗出，再用草纸滤过，当场让病人喝下。熬一剂竹沥一般要花两个小时，病人一多，所需时间就更长了，但药工们总是急人所难，不厌其烦地做好服务工作。

除了热情周到的服务态度外，胡雪岩还在胡庆余堂的建筑和布局上别出心裁，为登门的顾客营造了一个温馨、舒适的环境。

　　胡庆余堂坐落在杭州城隍山（吴山）的繁华地段，胡雪岩将药店地址选在这里是经过深思熟虑的。因为此处是香客上城隍山进香的必经之路，每逢上香的日期来到，就是胡庆余堂营业的旺季。我们列举其中部分布局来做说明。

　　胡庆余堂整个建筑外观结构像一只美丽的仙鹤停在吴山脚下，这喻指店铺的兴旺长久。房子的檐上有一排排花灯状的垂莲柱，正门坐西朝东，青砖角叠的门楼上镶嵌着三个闪耀着金光的大字"庆余堂"。走进门之后拐弯是一长廊。可以迎面看见一个八角石洞门，洞门上有突出的"高入云"三个字，两侧墙壁上有"白娘娘盗仙草"的美丽图案，还有三十多块特制的丸药牌，多

数都是著名传统中成药的名字，如胡氏辟瘟丹、外科六神丸、安宫牛黄丸、人参再造丸、小儿回春丸等，同时在牌上标明了各种药的具体功能和用法，为顾客提供了很大的方便。

经过石洞门，走到长廊的尽头是一处四角亭。亭子的四周檐上悬挂着幽雅的宫灯，梁柱上则画着中医始祖神农尝百草、白娘娘盗仙草、桐君老祖、白猿献寿图和李时珍、朱丹溪的故事，生动传神。这些饰画，增加了胡庆余堂的文化气息和艺术氛围，让来者都有一种美的享受。

走过长廊往右拐经过第二道门就到了胡庆余堂的营业厅。大厅两旁分立高大的红木柜台，左侧为配方、参茸柜，右边是成药柜，正中的和合柜台两侧有两副对联，其中一幅是"庆云在霄甘露被野，余粮防禹本草师农"，横批是"真不二价"，另外一幅是"益寿延年长生集庆，兼收并蓄待用有余"，中间上方挂"庆余堂"横匾。两副对联不但笔法有力，更为巧妙的是对联的末尾把"庆""余"二字嵌入其中，暗指了药店的名字：胡庆余堂。据说，庆余堂三字出自南宋的大奸臣秦桧之手。秦桧虽然品德不好，却是一个大书法家，胡雪岩将秦桧"余庆堂"手迹颠倒为"庆余堂"来用，反面利用了秦桧的效应。

总之，胡庆余堂这种良好的文化氛围为顾客提供了一个流连忘返的购物环境。胡雪岩精心设计的这座清代富有江南园林特色的商业古建筑，至今已经有一百多年的历史，具有很深远的历史价值和较高的建筑艺术水平，现在已被列为国家文物保护单位。

当然，除此之外，胡雪岩的宣传手法也是匠心独运。他聘请江浙名医以宋代皇家药典《太平惠民和剂局方》为基础，收集整理各种古方、验方、秘方、应验有效的九散膏丹、胶汕酒露等四百三十二种，编印成《胡庆余堂雪记丸散全集》，分送各界。他还曾将研制成的胡氏辟瘟丹、诸葛行军散等成药，由穿号衣的伙计组成锣鼓队，在各水陆码头免费赠送，号衣上写着"胡庆余堂"几个大字，来宣传药效。

在胡雪岩诚信为本、顾客至上的经营策略和积极有效的宣传策略下，胡余庆堂成为了远近闻名的药厂，当时曾有"北有同仁堂，南有余庆堂""不负众望，江南药王"之说，能与同仁堂平分秋色。雪岩也因此享有"江南药王"的美称，可见胡庆余堂的信誉赢得了百姓的信任。

胡庆余堂中药博物馆

六、商贾奇男

（一）奇人奇事

胡雪岩是19世纪七八十年代中国著名的商界巨子，他的经历充满了传奇色彩，他自幼失去父亲，因为家贫，做了放牛娃。后来，经人推荐做了钱庄的一名小伙计。通过资助王有龄攀上了官场势力，并与他官商互利，创办了自己的钱庄。王有龄死后，结识了权贵显要左宗棠，纳粟助

赈，为朝廷效犬马之劳。洋务运动中，他聘洋匠，购设备，很有功绩；左宗棠出关征战，他筹粮械，借洋款，功劳卓著。不懈的努力之后，他便由钱庄伙计一跃成为煊赫一时的红顶商人。他构筑了以钱庄、银号和当铺为依托的金融网，开办胡庆余堂和丝栈，既与洋人做生意也与洋人打商战。

胡雪岩一生，大起大落，是非功过褒贬不尽相同，这里只分析他的人道。胡雪岩的成功,很重要的一个原因就是他善于用人,以长取人,不求完人。他说一个人最大的本事,就是用人的本事。正如清人顾嗣协诗中所言:骏马能历险,犁田不如牛。坚车能载重,渡河不如舟。舍长以取短,智高难为谋。生材贵适用,慎勿多苛求。

胡雪岩的整个商业活动中始终坚持"以人为本"的原则,在用人上很有些独到之处,也因此有很多小故事,值得我们品味。

胡雪岩懂得知人善任,使人尽其才。他认为:用人宜取人之长,不应求其全责,并不是长期起作用的人才算是人才,在关键时刻、关键场合能起关键作用的人更是难得的人才,应该千方百计得之、用之。如聘请了曾在官府谋事的何桂清负责联络官场事宜;启用

曾任怡和洋行对华代理古应春负责与洋商打交道；驯化曾嗜赌如命但头脑灵活的刘不才专门应付达官阔少爷的纠缠。这里我们详细说一下刘不才。刘不才原名刘三才。他的祖上也是开药店的，因此积蓄了不少资财。但是，刘不才自幼就是一个纨绔子弟，尤其是嗜赌如命。药号到了他的手上，不到一年时间，就无法经营下去了，只好以三千两银子盘给人家。这三千两银子又在不到一年的时间里，被他花光了。刘不才只得以到当铺典当家具器物来维持生活。最后家里的东西全被当光了，无物可当，他又开始四处借贷。因无力偿还，最后借贷也没有门子了。因而落了个"刘不才"的绰号。在大家眼中，他就是个不折不扣的败家子。但是，胡雪岩却从另外的角度看到这个人的长处：虽然嗜赌如命，却从来没有把手上的祖传秘方压在赌桌上，说明他还有振兴家业的念头；虽然吃喝嫖赌样样都来，却从不抽大烟，这说明他还没有堕落到不克自拔、自戕自害的地步。这两点让胡雪岩觉得这个刘不才并不是无药可救，而且他能玩、会玩，正是用来和达官阔少们来往应酬的上佳人选。于是，他将刘不才招到了自己的门下。经过胡雪岩的调教，刘不才成了他的得力助手。

叶种德堂有个切药工，业务功夫过硬，人称"石板刨"，但因脾气火暴而得罪人，在叶种德堂呆不下去了。经人介绍，石板刨来到胡庆余堂。胡雪岩不但没因他有牛脾气而另眼相看，反而按能定赏，给他高工资，还提拔他当

了大料房的头儿。

以情感人也是胡雪岩的用人之道。胡雪岩虽然是商人，但是他懂得有些事情是用金钱办不到的。他曾经说过："要得到真正的杰出之士，只凭钱是不能成事的，关键在于'情''义'二字，要用情来打动他们。"他正是用这样的方法，为王有龄招揽到了稽鹤龄这名得力的助手。

胡雪岩的官场知己王有龄正当仕途得意之际，新城民众聚众闹事，抚台大人立即命令王有龄带兵前去剿办。然而新城民风强悍，吃软不吃硬，如果带了兵去，极有可能激起民变。有个叫稽鹤龄的幕士献计主张"先抚后剿",主意很不错,但他恃才傲物,不愿意替别人去办这次可能会送命的差事。胡雪岩决定亲自出面帮助好友解决这个难题。他打听到稽鹤龄的妻子刚死不久,于是找到稽鹤龄的家,一到家中便在其亡妻的灵前祭拜并好言安慰稽鹤龄。这深深地打动了稽鹤龄。胡雪岩还知道稽鹤龄一直没有得到过实缺,生活很窘迫,靠典当度日。他知道稽鹤龄很清高,极要面子,绝不会无故接受自己馈赠。于是,胡雪岩就用了自己的名号,为稽鹤龄赎回了典当的物品,并且一再声明,赎款只是借给稽鹤龄的,以后稽鹤龄有钱再归还。这样,他在保住稽鹤龄面子的同时,还帮稽鹤龄解决了困难。不仅如此,胡雪岩还亲自做媒,将

王有龄大人身边的贴身丫环许配给了稽鹤龄。胡雪岩的做法果然起到很好的效果，稽鹤龄发誓效出全力，并亲赴新城，协同地方绅士，妥善处理了抗粮事件，避免了事态的进一步恶化，终于大功告成。

胡雪岩还是个懂得宽容的人，愿意给人改过的机会。有一次，胡庆余堂有个采购人员很不小心把豹骨当做虎骨购进，而且数量很多。进货阿大认为这个采购人员平日做事很牢靠，货到之后没有仔细查验就把豹骨放入仓库备用。有个新提拔的副档手知道了这件事，以为是晋升的好机会来了，就直接找到胡雪岩打小报告。胡雪岩立即到药库查看了这批药材，发现错误后，命药工将豹骨全部销毁。眼看由于自己工作失误带来巨大的经济损失，进货阿大羞愧地递了辞呈。不料，胡雪岩却温言相劝，说："忙中出错，在所难免，以后小心就是了。"但对那位自以为举报有一功、等着晋升奖赏的副档手，胡雪岩却发了一张辞呈。因为，在胡雪岩看来，身为副档手，发现假药不及时向进货阿大汇报，已是失职，在背后打小报告更是心术不正，继续使用此类人，定会造成上下隔阂。善任厚待、宽严相济的用

人方针，使胡
雪岩拥有一批
尽心尽力的管
理人才。

胡雪岩能
够牢记"饶人
一条路，伤人
一堵墙"的道
理，宽大为怀，
容人之过。他在处理朱福年吃里爬外的
问题时，就办得极为艺术、漂亮。朱福年
做事不地道，不仅在胡雪岩与庞二联手
销洋庄的事情上作梗，还拿了东家庞二
的银子做小货，庞二自然非常恼怒。庞二
主张一定要彻底查清朱福年的问题，狠
狠地整他一下，然后让他走人。但胡雪岩
觉得这样处理不妥。胡雪岩说："'火烧
藤甲兵'不足为奇，要烧得他服帖，死心
塌地替你卖力，才算本事。"要像诸葛亮
"七擒孟获"那样，使人心服口服。胡雪

岩的做法是：先通过关系，摸清了朱福年自开户头，将丝行的资金划拨做小货的底细，然后再到丝行看账，在账目上点出朱福年的漏洞。然而他也只是点到为止，不点破朱福年做小货的真相，也不深究，让朱福年感到自己似乎已经被抓到了把柄但又不明实情。同时，他还给出时间，让朱福年检点账目，弥补过失，等于有意放他一条生路。最后，则明确告诉朱福年，只要努力，他仍然会得到重用。这几下子，终于使朱福年彻底服帖、感激不尽了。

"重赏之下，必有勇夫"，这是中国的一句古话。胡雪岩变通地把它运用到了自己的用人之道上。胡雪岩很注意运用物质利益来激发手下人的工作热情。胡雪岩主要采用两个办法：一是分红利；二是入股合伙。对于没有资本的伙计，采取根据经营好坏来决定年底分红的方式，对有本钱者采取入股合伙

的方式，这样使大家都能得到好处，主要的是把各自的得失与老板胡雪岩的得失联系到了一起，这样员工的积极性必然提高。对有功劳的人，特别设"功劳股"，这是从赢利中抽出的一份特别红利，专门奖给对胡庆余堂有贡献的人。功劳股是永久性的，一直可以拿到本人去世。有一次，胡庆余堂对面的一排商店失火，火势迅速蔓延，眼看就要扑向胡庆余堂门前的两块金字招牌。孙永康毫不犹豫地用一桶冷水将全身淋湿，迅速冲进火场，抢出招牌，头发、眉毛都让火烧掉了。胡雪岩闻讯，立即当众宣布给孙永康一份"功劳股"。胡雪岩也从不以自己生意的赚赔来决定给手下人报酬的多少，即使赔了，他该付出的也绝对不会少一分钱。胡雪岩在对人的问题上，从来不心疼钱财。比如胡庆余堂设有"阳俸"和"阴俸"。"阳俸"，就像我们现在所说的退休金。胡庆余堂上自阿大、档手，下到采买、药工以及站柜台的伙计，只要不是中途辞职或者被辞退，年老体弱无法继续工作之后，仍由胡庆余堂发放原薪，直到去世。"阴俸"，则是对那些为胡庆余堂立过汗马功劳的雇员来说的，他们去世以后会按时给他们的家属发放抚恤金。

（二）奇人妙语

事缓则圆，不必急在一时。

找到能帮自己挣钱的人。

越是本事大的人，越要人照应。

生意归生意，感情归感情。

人用得不好，受害的是自己。

做事容易做人难，要做生意先做人。

前半夜想想自己，后半夜想想别人。

做生意，把握时事大局是头等大事。

人在屋檐下，"一定要低头"。

自己努力远不如有人提携。

未雨绸缪，要为自己预留退路。

平时多烧香，急时有人帮。

饶人一条路，伤人一堵墙。

先赚名气后赚钱。

勇于决断，敢舔刀头上的血。

用钱生钱，钱眼里能翻跟斗。

从变化中找出机会来，才是一等一的好本事。

把好处留给别人，最终也会给自己带来好处。

水涨船高，人抬人高，权重如山，财流如水。

用人之道，不拘一格，能因时因地制宜，就是用人的诀窍。

八个坛子七个盖，盖来盖去不穿帮，就是会做生意。

事情来了，急也没有用，顶要紧的是自己不乱。

什么事都要讲机会。明明一定办到的事，阴错阳差，叫你不能如愿。

办大事最要紧的是拿主意。主意一拿定，要说出个道理来并不难。

一个人不能光靠运气，运气一时，总要自己上进。

人要识潮流，不识潮流，落在人家后面，等你想到要赶上去，已经来不及。

诚则灵。种瓜得瓜，种豆得豆，因果不可不信。

做人总要讲宗旨，更要讲信用，说一句算一句。

我不爱在人背后传话。无端生出是非，与人有损，与己无益，何苦来哉！

"不招人妒是庸才"，可以不招妒而自己做得招妒，那就太傻了。

凡事总要个退步。即使出了事，也能够在台面上说得过去。

我想，人生在世，实在奇妙难测。我敢说，没有一个人，今天能晓得明天的事。

舍不得今天花小钱，终究有一天被迫花大钱。

我是一双空手起来的，到头来仍旧一双空手，不输啥！不但不输，吃过、用过、阔过，都是赚头。只要我不死，你看我照样一双空手再翻起来。

一个人最大的本事是能用人，用人首先要识人，眼光、手

腕两俱到家,才智之士,乐于为己所用,此人的成就便不得了了。

店规不是死板的。有些事不能通融,有些事要改良。世界日日在变……做生意贵乎随机应变。

"用兵之妙,存乎一心!"做生意跟带兵打仗的道理差不多的,只有看人行事,随机应变之外,还要从变化中找出机会来,那才是一等一的本事。

做生意怎么样的精明,十三档算盘,盘进盘出,丝毫不漏,这算不得什么!顶要紧的是眼光,生意做得越大,眼光越要放远,做小生意的,比如说,今年天气热得早,看样子这个夏天会很长,早早多买进些蒲扇摆在那里,这也是眼光。做大生意的眼光，一定要看大局，你的眼光看得到一省，就能做一省的生意；看得到天下，就能做天下的生意；看得到外国，就能做外国的生意。

我们做生意一定要做得活络，移东补西不穿帮，就是本事。你要晓得，所谓"调度"，"调"就是调动，"度"就是预算，预算什么时候款子进来，预先拿它调动一下，这样做生意，就比人家走在前面了。

做生意第一要市面平静，平静才会兴旺，我们做事，就是求市面平静。"饥寒起盗心"，吃亏的还是有钱人，所以做生意赚了钱要做好事。

有句成语，叫做"与其待时，不如乘势"，许多人看起来难办的大事，居然顺利地办成了，就因为懂得乘势的缘故。

做小生意迁就局

限，做大生意先要帮公家把局势扭转过来。大局好转，我们的生意就自然有办法。

自己做生意，都与时局有关，太平盛世，反倒不见得会这样子顺利。由此再往深处去想，自己生在太平盛世，应变的才具无从显现，也许就会庸庸碌碌地过一生，与草木同腐而已。

不要自恃脑筋快，手腕活，毫无顾忌地把场面拉开来。一个人的精力到底有限，有个顾不到，就会出漏洞，而漏洞会很快地越扯越大，等到发觉，往往已不可收拾。

把戏人人会变，只是巧妙不同。巧妙就在于如何不拆穿"把戏"上面。戏法总是假的，偶尔一两套可以，变多了就不值钱了。值钱的还是真东西拿出来。

世上随便什么事，都有两面，这一面占了便宜，那一面就要吃亏。做生意更是如此，买卖双方，一进一出，天生是敌对的，有时候买进占便宜，有时候卖出占便宜，会做生意的人，就是要两面占它的便宜，涨到差不多了，卖出；跌到差不多了，买进，这就是两面占便宜。

有本事也还要有骨气。"恃才傲物"四个字，里面有好多学问，傲是他所看不起的人，如果明明比他高明不肯承认，眼睛长在额角上，目空一切，这样的人不是"傲"，是"狂"，不但不值得佩服，而且还要替他担心，因为狂下去就要疯了。

担心有什么意外？凡事物极必反，乐极生悲？我是不太相信这一套的。有什么意外，都因为自己脑筋不够用的缘故。

有时候道理不通，大家习焉不察，也就过去了，而看来不可思议之事，细想一想竟是道理极通，无可驳诘。所以只要心定神闲，想

得广、想得透，蹈暇乘隙，避重就轻，大事化小，小事化无，亦并不难。

我也相信看相算命，不过只相信一半，一半天意，一半人事，而人定可以胜天。为人总要通情达理。三纲五常，总也要合道理，才有用处。我最讨厌那些伪道学，或者不明事理的说法，什么"君要臣死，臣不得不死，父要子亡，子不得不亡"。你倒想想看，忠臣死了，哪个替皇帝办事？儿子死了，这一家断宗绝代，孝心又在哪里？